職場体験 完全ガイド 会社員編

au
Twitter
MetaMoJi
シャープ

73

コミュニケーションをささえる会社

職場体験完全ガイド 会社員編 もくじ ………………

＊本書掲載の内容は2021年3月末現在のものです。
けいさい　ないよう　　　　　　げんざい

この本で紹介している企業の「SDGsトピックス」について

●わたしたちが地球にくらしつづけるために、企業としてできること

SDGsは2015年に国連で採択された、「持続可能な開発」のための国際社会共通の目標です。「持続可能な開発」とは、未来の世代がこまることのないように、環境をまもりながら現在の世代の要求を満たしていくことです。2016年から2030年の15年間で、17の目標の達成をめざすことが決められました。採択には日本をふくむ150以上の国連加盟国の首脳が参加しました。

SDGsは世界共通のものさしであり、国、組織、企業、学校、個人などそれぞれの立場で目標に取りくむことが可能です。企業には、その社会における責任をはたすために、技術や知恵、資金をいかして課題の解決に取りくむことが期待されています。とりくみを進めることで企業価値が高まり、新たな事業が生まれるという利点もあります。

この本では、環境保護や社会貢献活動といったサステナビリティ（持続可能性）を重視する企業を取材し、その企業がとくに力を入れているとりくみや、みなさんに知ってほしいトピックスを選んで紹介しています。

SDGsの17の目標

SUSTAINABLE DEVELOPMENT GOALS

目標1
貧困を
なくそう

目標2
飢餓を
ゼロに

目標3
すべての人に
健康と福祉を

目標4
質の高い教育を
みんなに

目標5
ジェンダー平等を
実現しよう

目標6
安全な水とトイレ
を世界中に

目標7
エネルギーをみんなに
そしてクリーンに

目標8
働きがいも
経済成長も

目標9
産業と技術革新の
基盤をつくろう

目標10
人や国の不平等
をなくそう

目標11
住み続けられる
まちづくりを

目標12
つくる責任
つかう責任

目標13
気候変動に
具体的な対策を

目標14
海の豊かさを
守ろう

目標15
陸の豊かさも
守ろう

目標16
平和と公正を
すべての人に

目標17
パートナーシップで
目標を達成しよう

au（エーユー）

5G（ファイブジー）・xR（エックスアール）サービス<ruby>戦略部<rt>せんりゃくぶ</rt></ruby>

<ruby>篠田真也<rt>しのだまさや</rt></ruby>さんの仕事

au は電話などの電気通信サービスを<ruby>提供<rt>ていきょう</rt></ruby>している KDDI（ケイディーディーアイ）のブランド名です。東京都に本社があり、<ruby>携帯<rt>けいたい</rt></ruby>電話の<ruby>販売<rt>はんばい</rt></ruby>や通信で生活を便利にするサービスを提供しています。ここでは、アプリの企画や運営を<ruby>担当<rt>たんとう</rt></ruby>する篠田真也さんの仕事をみてみましょう。

auは、KDDIが運営する携帯電話サービスのブランド名です。KDDIは、日本の電気通信事業を運営している会社です。「Tomorrow, Together（明日をいっしょに）」の理念のもと、携帯電話や固定電話、インターネットサービスの提供をしています。

KDDI株式会社
本社所在地 東京都千代田区　**創業** 1984年　**従業員数** 4万4,952名（グループ企業をふくむ。2020年3月31日現在）

通信事業サービスを運営し
日本じゅうをつなげる

わたしたちの生活に、電話やインターネットは欠かすことのできないものです。これらの通信事業サービスを提供しているKDDIでは、auのブランド名でスマートフォンや携帯電話の販売や通信サービス、アプリの提供などのモバイル事業を行っています。スマートフォンなどに電波を送る拠点となる基地局を、日本全国に設置し、日本じゅうの人びとをつなげています。

また、インターネット回線を提供する「auひかり」の運営や、電気の販売なども行っています。

◀auは全国に2000店以上の携帯電話ショップを開いており、携帯電話の販売から購入後のサポートまで行っています。

▶ビルに設置されている、auの電波を飛ばしている基地局です。キャンプ場や登山道、地下鉄など、さまざまな場所で通話やインターネットの使用ができるように、各地に基地局が設置されています。

スマートフォンを使った
通信とライフデザインの融合

現在、日本では人口の8割近い人がスマートフォンを使っています。KDDIでは、このスマートフォンを使い、毎日のくらしを便利に楽しくする方法を考えています。

たとえば、「au PAY」というサービスでは、スマートフォンでしはらいができ、現金がなくても買いものができます。また、エンターテインメントにも力を入れていて、スマートフォンでバーチャル（仮想）空間にコミュニティの場をつくるなど、生活をより楽しくゆたかにしていくための提案をしています。

◀「au PAY」は、QRコードを読みとることで、かんたんにしはらいができるサービスです。

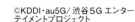
©KDDI・au5G/渋谷5Gエンターテイメントプロジェクト

▶渋谷の街をバーチャル上に再現した「バーチャル渋谷」は、どこにいてもスマートフォンやパソコンなどから、街歩きを楽しむことができる、新しいエンターテインメントです。

IoT・5Gの技術を使って
未来に向けた研究・開発を行う

　KDDIでは、ものに通信機能をもたせてインターネットにつなぐ技術「IoT」や、大容量のデータを高速通信で多くの機器に同時接続できる技術「5G」などの最新技術をいかした研究や開発を行っています。5Gの高速通信ネットワークを利用し、自動車の自動運転機能や、建設現場における建設機械の無人操作、ドローンの運用など、新しいビジネスや未来をつくる開発に力を入れています。

▲自動運転機能を搭載した実験用の自動車です。5Gなどのネットワークを利用して、人が運転しなくても自動運転で道路を走ることができます。実用化に向けて研究・開発が進められています。

◀KDDIが開発している「スマートドローン」です。携帯通信のネットワークを利用して、これまでのドローンよりも遠くに飛ぶことができます。カメラを使った高い場所の点検や、警備、山での遭難者の捜索など、さまざまな利用方法があります。

---

auの SDGsトピックス≫

9 産業と技術革新の基盤をつくろう　　13 気候変動に具体的な対策を

災害時に強い通信ネットワークをつくる
〜基地局の開発

　インターネットなどの情報通信サービスは、わたしたちにとって大切なライフラインの一つです。しかし、災害などが起こって基地局がこわれてしまうと、使うことができなくなってしまいます。

　KDDIでは、災害時に基地局を設置した船を被災地の沿岸に派遣したり、基地局をのせた車で被災地に行ったり、通信エリアの復旧をはかっています。近年は、基地局をのせた無人ドローンによる復旧の実験も進んでいます。また、災害スタッフを現地に派遣し、避難所に充電設備を設置するなど、災害時でも通信網をとだえさせない、さまざまな対策を進めています。

「KDDIオーシャンリンク」（下）は、海底に通信ケーブルを設置したり、設置したケーブルを修理したりする船です。船の上に基地局（上）を設置し、海の上から沿岸部の通信を復旧させることもできます。

au

5G・xRサービス戦略部
篠田真也さんの仕事

auでは、おもにスマートフォンや携帯電話に関連するサービスを提供しています。篠田さんは、スマートフォン向けのアプリの開発や運営をしています。ここでは、篠田さんが担当する5G対応の「one zoo」という動物園のアプリを通し、アプリの企画・開発、アップデートまでの流れをみていきましょう。

企画を考えアプリをつくる

■どんなアプリにするか　企画を考える

新しいアプリの開発は、篠田さんをはじめ、企画部門のメンバーが、どんな内容のアプリをつくりたいかを考え、企画を立てるところからスタートします。

企画部門のメンバーとアプリの画面イメージを共有しながら、どんなコンテンツがふさわしいか話しあいます。

▼

「one zoo」は、スマートフォンで日本全国の動物園にいる動物の動画を見ることのできるアプリで、仕事をよくいっしょにしている広告代理店の担当者の発案で、企画が立ちあがりました。

「もっとたくさんの人に、動物園を身近に感じてもらいたい」という思いのもと、篠田さんたち企画部門のメンバーと、代理店の担当者が、どんなアプリにすればよいか、話しあいを重ねます。それと同時に動物園の協力をと

りつけたり、企画のとおりにアプリを開発できる会社を選んだりします。

そして、動物園や開発会社とも相談をしながら企画の内容を固めていきます。

■企画の承認をもらいアプリ制作を開始する

企画の内容がまとまると、企画書をつくって企画会議にかけます。この会議で上層部から企画が承認されると、アプリ制作をはじめることができます。

アプリの制作に入ると、篠田さんたちは、動物園の担当者などの意見もとりいれながら、アプリのデザインや使いやすさなど、制作の方向性を

企画会議では、イメージを見てもらいながら、企画したアプリの内容や魅力をわかりやすく伝えます。

配信の前に、検証リストを確認しながらチェックを重ね、エラーがないようにします。

より具体的に決めていきます。それをアプリ開発会社に伝え、制作の指示を出しながら進行を管理します。

■試作されたアプリを　検証し修正を重ねる

開発会社によって試作されたアプリができると、篠田さんたちはじっさいにアプリを起動して確認します。使いにくいところなど、改善点をあらいだし、完成するまで修正を重ねます。

アプリが完成すると、配信までに、不具合が出ないよう、検証するべき点のリストをつくり、修正箇所がなくなるまでひとつひとつ確認していきます。

問題がなくなれば、配信を開始します。

プロモーションを行う

■プロモーションの　方向性を考える

新しいアプリをたくさんの人に使ってもらうためには、プロモーション（宣伝）を行い、一人でも多くの人に知ってもらうことが大切です。

篠田さんたちは、そのアプリを使ってほしい人たちに向けて、よりうったえかけることのできる広告の内容を考えます。「one zoo」の場合は、ファミリー層をターゲットに、どの動物のどんな場面を見せると注目されるかなど、広告代理店の担当者と細かな打ちあわせを行いました。

宣伝広告費を管理している部署に内容の承認をもらうと、じっさいのプロモーションにうつります。

■インターネットを活用し　プロモーションを行う

インターネットのウェブサイトに広告を掲載したり、YouTubeなど利用者の多い動画サイトに、「one zoo」で見られる動画の一部を多数投稿したりして、知ってもらうきっかけをつくります。

広告は、より多くの人の目にとまるように、デザインや構成などもくふうします。

オンラインで広告代理店の担当者と打ちあわせて、プロモーションの内容を決めていきます。

アプリをアップデートする

■アプリの配信後も アップデートをつづける

アプリが配信されたあとにも、不具合の修正、新しいコンテンツや機能を追加するなどのアップデートを行います。配信後に、検証で気づかなかった動作の不具合が見つかったら、開発会社に指示を出し、いつまでに修正をしてほしいかを伝えて、アプリをアップデートしていきます。

■アクセス状況を調べ アプリを改良する

アプリがどのくらい使われているのか、どんな画面にアクセスが多いのかといったことを調べることも大切です。人気のコンテンツと、そうでないものを見つけ、ユーザーがどうアプリを楽しんでいるのか調査して、アプリの改良にいかしていきます。

調査の結果、たとえばレッサーパンダの動画の人気が高かったら、動物園の飼育員や園長に、レッサーパンダの解説をくわしく入れてもらうなど、新しく加えるコンテンツの企画を立てます。

▲
定期的に、アプリのアクセス状況をまとめたデータを確認します。

アプリのアクセス数などを参考に、よりユーザー数をふやすための方法を話しあいます。
▼

■動物園の課題を アプリで解決する

アプリの運営にあたり、篠田さんたちは、動物園の担当者とオンラインで週に1〜2回は打ちあわせを行うようにしています。また、定期的に動物園をおとずれ、園がかかえている課題を聞き、アプリを通して解決できないかを検討します。

たとえば、「もっと動物の前で立ちどまってほしい」という要望に対して、その動物の前でアプリをかざせば、名前や性格などが見られるようにする企画を考えました。

このような新しい機能をつけくわえる場合、細かな修正や解説などの追加とはちがい、大型のアップデートが必要となります。その場合は、企画書を作成し、新たな予算を組んで開発にかかるため、作業は数か月におよぶこともあります。

こうして、アプリが配信されたあとも、ユーザーに長く楽しんでもらうために、アップデートを重ねていきます。

動物園では、動物園の広報担当者に要望がないか聞いたり、追加機能の企画について相談したりします。
▼

au の篠田真也さんに聞きました

au の篠田真也さんに聞きました

インタビュー

挑戦や失敗をくりかえして
興味のある分野をさがしてほしい

1986年静岡県出身。東京農工大学大学院の電気電子工学を専攻。2012年にauの運営を行っているKDDIに入社しました。ネットワークの設計・設定の業務や、チャットボット（オンラインで対話するロボット）の開発などを行ったのち、「one zoo」の立ちあげにたずさわり、現在も「one zoo」の運営をになっています。

学んだ知識を世の中に役だてる

Q この会社に入ったのはなぜですか？

　わたしは、子どものころから、数学や物理が好きで、大学では電気工学という分野を学んでいました。いまはスマートフォンなどの通信機器を、一人一台もっていることがあたりまえの時代です。通信事業にたずさわることで、自分が学んできた知識が広く世の中の役にたつのではと思い、KDDIに就職しました。

Q 「one zoo」の立ちあげでたいへんだったことは？

　わたしたちが動物の生態や飼育方法についてくわしくないのと同じように、動物園の方はデジタル技術に専門的な知識をもっているわけではありません。そのため、アプリの内容や、つくりたいものに

ついて、動物園の方と細かくコミュニケーションをとっていくのがたいへんでした。にたようなアプリをさがして、例として説明に使うなど、なるべく具体的なイメージを共有できるように心がけました。

また、配信前の検証作業がたいへんでした。不具合を解決する作業は、とても時間がかかりますが、完ぺきなものにするためには必要な作業なのでがんばりました。

Q キャリアアップのためにしていることは?

スマートフォンの動向にはつねに注目しています。また、どんなものが今後はやりそうだとか、どういうものに力を注いでいけばいいのかということを、日ごろから調べたり考えたりしています。

わたしの仕事道具 🔧

MacBook

アップル社のMacBookというノートパソコンです。「one zoo」をはじめ、さまざまなアプリの企画や資料の作成、オンライン会議など、すべての業務をMacBookで行っています。とくにアプリの企画にかかわる業務は、この製品の機能を使った作業が多く、欠かせない道具です。

Q 今後の目標を教えてください

「one zoo」でもこれからやりたい企画はいっぱいあります。もっといろいろな人に「one zoo」のサービスを使ってほしいですし、サービスの品質を上げて、より満足してもらえるものをつくっていきたいと思っています。

Q 子どもたちへ伝えたいことは?

挑戦したいことはどんどん挑戦して、どんどん失敗してください。考えるより行動することが大事です。じっさいにやってみないとわからないことはとても多いので、挑戦と失敗をくりかえして、自分がほんとうに興味のもてる分野をぜひさがしてください。

一問一答 Q&A

Q 小さいころになりたかった職業は?
サッカー選手

Q 小・中学生のころ得意だった科目は?
技術・家庭

Q 小・中学生のころ苦手だった科目は?
国語

Q 会ってみたい人は?
織田信長（戦国武将）

Q 好きな食べものは?
すし

Q 仕事の気分転換にしていることは?
散歩

Q 1か月休みがあったら何をしたいですか?
南米大陸を旅行したい

Q 会社でいちばん自慢できることは?
職場のみなさんがやさしいところ

au

au ではたらく
篠田真也さんの一日
<small>しのだまさや</small>

新しい企画について話しあいます。出社していないメンバーもいるので、打ちあわせはオンラインで行われることがふえています。

アプリのアクセス数や、閲覧されたページの詳細などを調べ、改善点をまとめます。

スタート！

起床・朝食	出社・メールチェック	資料作成	企画の打ちあわせ	昼食	会社を出る
7:30	9:00	9:30	11:00	12:00	13:00

24:00	21:00	20:00	18:30	17:00	15:00	14:00
就寝	ランニング	帰宅・夕食	退社	アプリ開発会社と打ちあわせ	アプリの動作検証	動物園に到着

アプリの細かな修正点を、開発会社に伝え、いつまでに修正してほしいかも伝えます。

新しい企画のヒントをさがしたり、動物園内で、アプリがきちんと動いているかを確認したりします。

動物園の広報担当者と打ちあわせをして、企画内容の相談などを行います。

コロナ時代のはたらきかた

ていねいに報告や連絡をするようになった

**出社をしなくなり
対面で話す機会が減少**

　テレワークが基本となり、出社しなくなったことが、自分にとって大きな変化だと感じています。自宅だと休みなくずっと仕事をしてしまいそうになるので、こまるところですね。

　また、打ちあわせをオンラインで行うことがふえて、対面で話す機会が少なくなったのも、大きい変化です。いきちがいがないように、なぜそれを行うのか、具体的にどうしたいのかなど、報告や連絡はていねいにするようになりました。

アクセス数がふえているのはうれしい変化

　外出をひかえている人が多いためか、「one zoo」のアクセス数はふえています。こういう状況のなかで、アプリを通じて、動物たちの様子を見てもらえるのはうれしいことです。

13

au5G・xR サービス戦略部部長の
繁田光平さんに聞きました

世の中を便利にするだけでなく
もっとおもしろい未来をつくりたい

人と人とがつながり
「共創」していく精神

　KDDIは「通信」をあつかっている会社で、人と人とがつながることができる状態を、365日24時間つくっています。

　KDDIでは、さまざまな企業や大学などの組織といっしょに、ものづくりをしていく「共創」という精神をかかげています。社員たちも、おたがいにアイデアをもちよって何かをつくろうという気持ちが強いです。

5Gの技術で、便利で
おもしろい未来をつくる

　現在、auをはじめ通信業界が力を入れている5Gは、社会をもっと便利にしていくことのできる新しいテクノロジーです。大量のデータを一瞬で送受信でき、たくさんの機器の接続にも対応できます。10年後には、そこらじゅうにドローンが飛ぶ世界があたりまえになると考えられています。そんな未来に変えていける技術が5Gなのです。

　au、とくにわたしたち5Gの部署では、世の中を便利にするだけでなく、動物園や音楽、スポーツなどとからめて、どうしたらおもしろいものをつくれるのかを考えています。

いろいろなことに挑戦して
好きなことを見つけてほしい

　わたしは「好き」という力はとても強いと思っています。何かを好きな人が、それをつきつめたときに生まれる新しい発想やエネルギーは、とても大きいものです。いろいろなことに挑戦して、熱中できる好きなものを早く見つけ、それを仕事につなげていくことができれば、きっとすてきな人生になるのではないかと感じています。

東京都港区にある施設「KDDI DIGITAL GATE」は、5Gビジネスの開発拠点です。さまざまな会社の人たちとともに、通信を使った新しいビジネスを考えたり、未来へのアイデアを形にする学生向けのイベントを行ったりする場として活用しています。

RECEPTION▶

Twitter

マーケティングマネージャー
森田謙太郎さんの仕事

Twitterは、アメリカのサンフランシスコに本社があるインターネットサービスを運営する会社で、日本法人のTwitter Japanは東京都中央区にあります。ここでは、日本の企業に向けてTwitterを広める活動を行う森田謙太郎さんの仕事をみてみましょう。

Twitter

Twitterは、短い文章や写真・動画が投稿できるサービスで、35か国以上で事業を展開しています。世の中のニュースをリアルタイムで知ることができ、立場をこえて会話を楽しめる「社会的な要素をそなえたコミュニケーションネットワーク」を提供しています。

Twitter Japan株式会社
本社所在地 東京都中央区　**創業** 2011年

世のなかの「いま」がわかる
リアルタイムの情報収集ツール

　Twitterは「ツイート」とよばれる短い文章（日本語は140字）などの情報を投稿することで、それを世界じゅうの人びとに瞬時に発信でき、いろいろな人と立場をこえたコミュニケーションができます。ツイート数の多いことばや、リツイートの多いツイートは「トレンド」として表示されるので、いま話題になっていることがわかります。

　また、同時に世界で起きているニュースを知ることもできます。13歳以上ならだれでも利用でき、日本はアメリカに次いで、世界で2番めにTwitterの利用者が多い国です。

▶ Twitterの操作画面です。

アカウント ／ Twitter上のニックネーム、その下の＠以下の英数字はユーザー名。

フォロー ／フォローすると、そのアカウントから発信されたツイートが自分に届きます。

ツイート ／日本では140文字以内の文章や、画像・動画などが投稿できます。

リツイートボタン ／気に入ったツイートを自分のフォロワーに配信できます。

プロフィール ／自分の紹介。

フォロワー ／自分のツイートをフォローしている人のこと。

いいねボタン ／おすことでそのツイートに共感したことをしめします。

モリケン Kentaro Morita
@motaro
企業Twitter担当者さんの社内評価アップ係/6歳2歳パパの生活/ラジオ毎週火曜静岡 @kmix_kids・毎月名古屋 @highmorning_zip・毎月福岡 @crossfm_ud/@NewsPicksプロフェッサー/@Disney→@Twitter社＋複業シャチョー/フォローしてね/
Shizuoka-Tokyo　2007年4月からTwitterを利用しています
5,327 フォロー中　10,241 フォロワー
ツイート　ツイートと返信　メディア　いいね
モリケン Kentaro Morita @m... ・ 2020/11/14
おはようございます。
とっても細い月。見えますかね？
9　158
モリケン Kentaro Morita @m... ・ 2020/11/11
＼Twitterを企業でご活用中のみなさま／
Twitter社公式のビジネス活用セミナーへぜひご参加ください（オンライン・無料）

個人の興味・関心に合った
広告サービスを提供する

　Twitterは企業や店に向けて、広告サービスを提供しています。企業や店が、新しい商品やサービスをTwitter上で紹介すると、利用者が発信したツイートとツイートのあいだに、これらの広告が表示されます。

　テレビのコマーシャルとはちがい、Twitterでは利用者の発信内容や検索結果などから、その人の興味や関心に合った広告が配信されるのが特徴です。また、その広告がリツイートされれば、情報をさらに広めることができます。

◀企業や店が、Twitterに商品やサービスの広告を掲載したときは、ツイートの下に「プロモーション」の表示が加わります。

企業が自社のプロモーションとして
Twitter を活用できるようにサポートする

　Twitter Japanでは、より多くの企業にTwitterを利用してもらうための活動を行っています。日本ならではのTwitterの使われかたを本社に報告し、機能の改善や追加をするなど、より快適に安全に楽しめるようにくふうを重ねています。

　また、企業や店に関するツイートをしたユーザーに直接アプローチして宣伝にいかすなど、日本の企業や店に、Twitterを使ったプロモーションのしかたを伝えています。

▼「ツイート」は鳥のさえずりを意味し、それを象徴するロゴである鳥のマークが、オフィスのさまざまなところにあしらわれています。

◀機能を理解して、Twitterをより活用してもらえるように、セミナーを開いて説明しています。写真は森田さんが開催したセミナーの様子です。現在はオンラインを中心に行っています。

 **Twitter の SDGsトピックス》**

 13 気候変動に具体的な対策を

 14 海の豊かさを守ろう

 15 陸の豊かさも守ろう

地球環境を考える「アースデイ」と連携、
キャンペーンを広める活動をサポート

　アースデイは、毎年4月22日を「地球の日」と定め、世界各地で地球の環境問題について考える日です。1970年に国際連合教育科学文化機関（ユネスコ）のよびかけでスタートし、2020年に50周年をむかえました。

　Twitterではアースデイと連携して、Twitterを利用したキャンペーンの促進や、アースデイの広告を無料で掲載するなど、アースデイの活動を広めるサポート活動をしています。

　サポートするだけではなく、Twitterのオフィスでは、「使用する紙を100パーセント再生紙にする」「イベントでは使いすてのペットボトルや食器の使用を廃止する」などの環境に配慮したとりくみも積極的に行っています。

アースデイは、世界175か国、5億人の人が参加する世界最大の地球フェスティバルです。

Twitter
（ツイッター）

マーケティングマネージャー
森田謙太郎さんの仕事
（もりたけんたろう）

森田さんは、企業がTwitter広告を利用して商品やサービスを広めるためのサポート活動を行っています。企業の人たちを集めたセミナーを開催し、Twitterの効果的な使いかたを伝えたり、参加者とコミュニケーションをしたりして、Twitterのサービスを身近に感じてもらう役割を果たしています。
（きぎょう）（こうこく）（かいさい）（こうかてき）（やくわり）

セミナーに向けて情報を集める
（じょうほう）

■宣伝担当者向けのセミナーを行う
（せんでんたんとうしゃ）

Twitter社のマーケティングの仕事は、Twitterの利用者をふやすために、一般の人向けのマーケティングと、企業向けのマーケティングの2つのチームに分かれています。
（ツイッター）（いっぱん）（きぎょう）

森田さんは企業向けのマーケティングを担当し、自社のプロモーションとしてTwitterを活用したい人を集めたセミナーを、月に6回開催するのがおもな仕事です。
（かいさい）

このセミナーでは、Twitterでどのような発信をすれば、企業の商品やサービスの注目度がアップするか、フォロワーの数がふえるかなどの具体的な方法や、Twitterに広告を掲載する方法などを伝えることが目的です。
（こう）（こく）（けいさい）

■宣伝担当者の興味やなやみを知る
（きょうみ）

森田さんはセミナーを開催するにあたり、さまざまな情報を集め、分析することからはじめます。新聞やウェブサイト、過去のセミナー参加者からの質問や問いあわせ内容、Twitterなどから情報を集め、企業で宣伝にかかわる人がどのようなことに興味をもち、どのようなことになやんでいるかを考えます。
（ぶんせき）（かこ）（しつもん）（ないよう）

また「いま、消費者は何を
（しょうひしゃ）

もとめているのか」「これからどんな時代がやってくるのか」など、世の中の動きも大きくとらえてセミナーで伝えられるようにしています。

■国内外の担当者と情報交換をする
（こうかん）

日本のマーケティングチー

毎日、新聞に目を通して、世の中の動きをチェックし、セミナーで話すことを考えます。

ムのメンバーとはもちろん、海外のマーケティング担当者とも情報交換を行います。

さまざまな国のマーケティング担当者と電子メールやオンライン会議、オンラインのチャットなどを使って連絡をとり、仲間の経験した成功例や失敗例を聞いたり、森田さんの経験を伝えたりして、情報交換をしています。

森田さんが行うセミナーでは、こうしてさまざまなところから入手した情報をもとにして、毎回少しずつ話す内容を変えています。

▲海外のマーケティング担当者とのオンライン打ちあわせは、すべて英語で行います。

企業に向けてセミナーを開く

■セミナーの参加者を募集する

セミナーは、以前は全国各地の会場で開催され、会場の予約や宿、移動のチケットの手配も、森田さんが一人で行っていました。現在は、新型コロナウイルス感染拡大の影響で、すべて自宅からオンラインで開催しています。

セミナーの開催日は3か月前に決まり、開催日の20日前から、インターネット上で参加者の申しこみを受けつけます。

参加者には順次案内のメールを送り、開催前日に申しこみをしめきります。1回の参加者は約100人です。

▲オンラインセミナーに必要なパソコンやカメラ、照明、マイクなど、機材の準備をします。

セミナー中にうつる画面は、なるべくすっきり見えるように、洋服や背景、機材の色を黒で統一しています。▶

■スライドを見せながら講演する

セミナーの時間は1時間20分で、そのうち1時間は森田さんが講演をします。

事前にパソコンのソフトでつくったスライドを順番に表示し、テンポよく切りかえながら、それに合わせて話をしていきます。

■お客さまとの対話の大切さを伝える

このセミナーで、森田さんは、Twitterの特徴をはじめとして、フォロワーのふやしかた、Twitterでの効果的な

セミナー質疑フリートーク
・時刻●時をまわりました
・こんにちは　Twitter Japan森田謙太郎です
・●月●日、●曜日
・Twitter　ビジネス活用　パワーアップセミナー
・オンライン版、東京からライブでお届けしています
・お元気ですか？
・早くからのご参加ありがとうございます
・本稿の講演このあと●時10分からスタート
　それまでの10分間、ウォーミングアップ

ライブでお届けしている東京のお天気

連休、どう過ごされました　ますか？

> 本題に入る前に参加者がリラックスできるよう、天気の話題や個人的なできごとなどを話します。そうしたことも台本に書いて準備しています。

アピール方法など、Twitter（ツイッター）を広告（こうこく）や宣伝（せんでん）にいかすためのさまざまな活用法を伝えます。

　なかでも、「企業（きぎょう）の情報（じょうほう）を発信するだけではなく、お客さまと1対1のコミュニケーションをとることが大切」というのがとくに重要なポイントです。

　これを実現（じつげん）できるのがTwitterであり、そうすることで、お客さまに、よりその企業への興味（きょうみ）や関心をもってもらえることを伝えています。

■参加者からの質問（しつもん）に答える

　講演（こうえん）を終えると、残りの20分で、参加者から森田（もりた）さんのTwitterに直接（ちょくせつ）質問を送ってもらい、その場で、できるかぎり回答していきます。

セミナーに参加した企業（きぎょう）のケアをする

> 参加者からの質問（しつもん）には、あき時間を利用して、パソコンやスマートフォンで回答します。

■ひとりひとりの質問（しつもん）にていねいに回答する

　セミナーは開いたら終わりではありません。セミナー中も、終わってからも、森田（もりた）さんのもとには、セミナーの参加者からさまざまな質問や問いあわせがあります。セミナー中に回答できなかったものもふくめて、参加者からの質問に直接（ちょくせつ）メッセージを返していきます。

　たとえば、「Twitter（ツイッター）で何を発信すればいいかわからない」という質問に対しては、自分自身でつねに新しい情報（じょうほう）を発信しなくても、自社の商品についてTwitter上で感想をツイートしている人をさがし、それに対するお礼の返信をしながら、リツイートをすることをすすめるなど、具体（ぐたい）策（さく）をていねいに伝えます。

　ひとりひとりの質問にすべて答えるのはとても時間がかかります。しかし、セミナーで伝えているように、森田さん自身もTwitterを通じて、参加者と1対1のコミュニケーションをとることを大切にしています。

■ラジオへの出演（しゅつえん）などでより多くの人に伝える

　森田さんはセミナー以外にも、ラジオ番組に定期的に出演したり、ウェブサイトの記事を書いたりするなどして、Twitterを企業で活用するための方法を、より多くの人に伝えています。

Twitterの森田謙太郎さんに聞きました

インタビュー

セミナーを通じて企業の人のなやみを解決したい

1976年、静岡県静岡市生まれ。東京の大学を卒業後、出版社と広告代理店で広告に関する仕事を経験しました。その後、ウォルト・ディズニー・ジャパンでTwitterを使った宣伝活動にたずさわったのをきっかけに、2015年にTwitter Japanに入社。ビジネスマーケティングとして企業向けのセミナーを開催しています。

宣伝目的のTwitter活用に可能性を感じた

Q この会社に入ったきっかけはなんですか？

中学生、高校生のころから、広告に興味がありました。当時は、テレビのコマーシャルやポスターが中心でしたが、そのキャッチコピーや写真、映像の見せかた一つで、見た人が商品を買ってくれるようになるなんて、すごいなと思っていました。大学を卒業後は、ずっとインターネットと広告の両方にかかわる仕事をしてきました。

ウォルト・ディズニー・ジャパンではたらいていたときに、Twitterを使って宣伝活動をしたところ、想像以上に多くのお客さまが集まっておどろきました。企業がTwitterを宣伝の目的で積極的に活用していくことに大きな可能性を感

じ、Twitter Japan に入社しました。

Q 仕事のどんなところにやりがいを感じますか？

セミナーの参加者からお礼の手紙やメール、メッセージをいただくことです。企業でTwitterを使う場合、いろいろな考えかたや方法があるため、なやんでしまう人が多いのですが、セミナーをきっかけにそのなやみが解決できたと、お礼を伝えてくださることがとてもうれしいです。

また後日、その方の企業の広告がTwitter上に流れてくるのを見かけることがあります。広告のつくりかたがわたしのアドバイスどおりになっていて、たくさんの「いいね」がついていると、セミナーの

わたしの仕事道具 🔧

スタンドマイク

オンラインセミナーでは、約4割の参加者がほかの仕事などをしながら音声を聞いているといわれています。スライドを見なくても、声だけで話が伝わるように構成をくふうし、音質にはこだわっています。また、セミナーのときにはマイクに黒いくつ下をかぶせ、黒い服を着て、マイクの存在をめだたせないようにしています。

内容がきちんと伝わったことが実感できてやりがいを感じます。

Q この仕事をめざす子どもたちにメッセージを

わたしはセミナーなどを通じて、多くの人に情報を伝える仕事をしています。おおぜいの人の前で話すのは緊張しますが、回数を重ねるとしだいに楽しくなってきて、参加

してくれた人によりよい情報を伝えようといろいろなくふうができるようになります。

「伝える」ことは、セミナーにかぎらず、どんな仕事でも役だちます。学校の授業などで、おおぜいの前で発表する機会があるときは、どうすればわかりやすく、おもしろく伝わるかを考える習慣を身につけてみてください。

一問一答 Q&A

Q 小さいころになりたかった職業は？
テレビ局の仕事

Q 小・中学生のころ得意だった科目は？
国語

Q 小・中学生のころ苦手だった科目は？
体育（とくにマラソン）

Q 会ってみたい人は？
イーロン・マスク（アメリカの実業家）

Q 好きな食べものは？
ラーメン（みそ、とんこつ）

Q 仕事の気分転換にしていることは？
朝焼けを見る、コーヒーを飲む

Q 1か月休みがあったら何をしたいですか？
子どもと世界一周旅行

Q 会社でいちばん自慢できることは？
いろいろなはたらきかたができるところ

Twitter ではたらく
森田謙太郎さんの一日

日本と17時間の時差があるため、朝早くから打ちあわせがあります。日本時間の朝6:00は、サンフランシスコでは前の日の昼13:00です。

コーヒーとチョコレートを横に置いて、新聞などをチェックしながら、一日の仕事をはじめます。

起床	仕事開始	アメリカ本社と打ちあわせ	記事の執筆	日本のマーケティングチームと打ちあわせ
4:30	5:00	6:00	7:00	10:00

就寝	夕食	ラジオ番組に出演	休けい	上司と打ちあわせ	昼食	オンラインセミナーを開催
20:30	19:00	18:00	15:00	14:00	13:30	11:30

現在はオンラインでの出演で、自宅から行います。

週に1回、上司と打ちあわせを行い、先週の仕事の内容を報告しながら、今週の予定を伝えます。

オンラインセミナーの30分前には、パソコンやカメラ、照明、マイクのセッティングを開始します。

コロナ時代のはたらきかた
はたらく場所を自由に選択できる時代に

仕事の内容によって自宅とオフィスを使いわける

　Twitterでは2020年2月から全社員がテレワークを実施しています。今後は一人で集中する仕事はテレワーク、いろいろな人が意見を出しあう仕事はオフィスなど、仕事内容によって使いわけたり、オフィスのない国や地方に引っこしたりと、はたらく場所を自由に選択できるようになっていくと思います。

仕事のあいまに家事や休けいができる

　テレワークの場合、朝起きてすぐに仕事がはじめられ、あいまにちょっとした家事をして、体調が悪いときにはすぐ休めるのがよいなと感じています。

　社員どうしはオンライン上で以前よりも積極的にコミュニケーションをとり、こまっていることや自宅でのできごとなど、雑談もするようになりました。

スタート！

Twitter マーケティングマネージャーの
森田謙太郎さんに聞きました

「Twitterの世界」＝「世の中のすべて」
でないことを理解し、使いこなしてほしい

さまざまな人が意見を
かわせる場でありたい

つねに新しい情報にあふれたTwitterは、「立場をこえてさまざまな人が意見をかわせる」ことをめざしています。

ひとりひとりの意見や考えがことなるのは当然のことですが、そこでけんかをしたりきずつけあったりするのではなく、適切な議論ができる「ヘルシーカンバセーション（健全な会話）」の場になれるよ

う、くふうを重ねています。

トラブルを未然に
ふせぐ努力をつづける

Twitter上ではさまざまな立場の人が自由に発言できるため、利用者が不快な思いをしてしまう面がときおりあります。Twitter社ではこれらを未然にふせぐため、新しい機能やしくみを考え、つくりつづけています。

Twitterを利用するみなさんには、ぜひ今後に期待して

ほしいと思います。また、「Twitterの世界」＝「世の中のすべて」ではないことをじゅうぶんに理解して、じょうずに使いこなしてください。

こまったときには
助けあうことが大切

Twitter社は場所を問わずに仕事ができるなど、自分に合ったはたらきかた、新しいタイプの人生を送りたいと思う人にはとても向いています。

しかし、それまでの自分の経験や知識だけですべての仕事がこなせるわけではありません。こまったことや、できないことに直面したときは「教えて！」と手をあげましょう。また、手をあげた人に自分の経験を教え、助けあうことも、よりよい仕事をするうえで大切なことだと思います。

アメリカのTwitterのオフィスです。社員の創造力が刺激され、リラックスして仕事ができる環境が整備されています。

MetaMoJi（メタモジ）

法人事業部・経営企画室（けいえいきかくしつ） 広報（こうほう）
武田亜矢子（たけだあやこ）さんの仕事

MetaMoJi はタブレットを最大限（さいだいげん）に活用して、仕事や学校の授業（じゅぎょう）に役だつアプリを開発・販売（はんばい）する会社です。ここでは、製品（せいひん）の販売を促進（そくしん）するウェブ広告（こうこく）やカタログを更新（こうしん）、情報（じょうほう）を発信している武田亜矢子さんの仕事をみていきましょう。

MetaMoJi

MetaMoJiは、タブレットを有効活用して、仕事や学習を効率化するアプリを開発・販売する会社です。タブレットの画面で情報をリアルタイムに共有することで、会社や建設現場での生産性を向上させたり、学校の授業の質を高めるサポートをしています。

株式会社MetaMoJi
本社所在地 東京都港区 **創業** 2009年 **従業員数** 64名（2020年4月現在）

はなれた場所にいてもリアルタイムに
会議の画面が共有できる「MetaMoJi Share」

MetaMoJiは、企業の作業効率を高め、生産性を上げるアプリを開発しています。

たとえば「MetaMoJi Share」は、はなれた場所にいる相手と会議をするときに使えるアプリです。タブレットの画面を参加者全員で共有したり、会議中に一人が画面で操作したことがすぐに全員の画面に反映されたりできるなど、双方向のリアルタイムなコミュニケーションを実現しています。また、議事メモや録音機能を使って会議の内容をあとからふりかえることもできます。

▲会議や打ちあわせで、複数の人がタブレットで同じ資料を共有でき、その場での書きこみや変更も可能です。

▲さまざまな機器に対応し、児童や生徒はパソコンやタブレットをノート感覚で使えて（左）、先生は全員の学習の様子をパソコンで同時に確認できます（右）。

▶学年や教科を問わず、個別学習や協働学習、家庭学習などいろいろな形で活用できます。

リアルタイムで学校の授業を
支援する「MetaMoJi ClassRoom」

学校では、GIGAスクール構想*による「一人一台端末」の整備が進んでいます。MetaMoJiは、小学校低学年から中学校・高校までの授業に活用できる「MetaMoJi ClassRoom」で、学年や教科を問わずに授業を支援しています。

「MetaMoJi ClassRoom」は、紙に書くようにタブレットの画面にペンで手書きしたり、写真をはりつけたりでき、やりなおしも何度でもできます。先生はひとりひとりの学習状況を画面で確認（モニタリング）して、個別にアドバイスができます。また、写真や動画を記録できるので校外学習にも便利です。

＊文部科学省が進めている、すべての子どもに一人一台の端末と、高速大容量の通信ネットワークを整備することを目的とした政策です。

現場ではたらく人の負担を軽減させて業務の効率化を支援する

建設現場において、現場での仕事が終わってから事務所にもどって事務作業をするのは、時間と手間がかかってたいへんです。MetaMoJiが大林組と共同で開発した「eYACHO」は、現場にいながらタブレットで帳簿や伝票などを作成したり、現場の状況を手書きのメモや図面や写真、音声などで記録したりできるアプリです。建設現場にかぎらず、営業や工場など、さまざまな現場ではたらく人の仕事を効率的にする「GEMBA Note」もあります。

◀▼「eYACHO」は、バラバラになりがちな帳簿や伝票、図面などが1つのタブレットにまとめられ、その情報を共有することもできます。

タブレットの文字を手書きで入力する「mazec」

「mazec」は、専用のペンや指を使って、タブレットに文字を手書きするだけで、テキストに変換することができるアプリです。キーボードの操作を覚える必要はありません。個人向け、企業向けに販売されています。タブレットと同じようにスマートフォンで利用できるアプリもあります。

▲タブレットに手書きすれば、画面に変換候補の文字があらわれ、かんたんにテキストに置きかえることができます。

MetaMoJiの SDGsトピックス≫

8 働きがいも経済成長も

いつでもどこでも仕事や学習ができる環境をつくり生活を楽しめる社会に

MetaMoJiでは、だれもが場所を選ばずに、仕事や学習ができる環境づくりを支援するアプリの開発を通じて、社会に貢献することをめざしています。たとえば、地方都市にくらしながらテレワークで仕事ができれば、休日は近所で買いものをしたり地域の行事に参加したりする人がふえ、地域の活性化や経済成長にもつながります。

年齢、性別、家族構成などにかかわらず、はたらく人が都合のよい場所で仕事をつづけられ、生活を楽しむ社会を実現させることができるアプリを世の中に出していくことがMetaMoJiの目標です。

MetaMoJiの浮川社長夫妻は、沖縄県の宮古島に長期滞在中で、仕事はすべてテレワークで行っています。「MetaMoJi Share」を使って、東京都の本社や徳島県のアプリ開発チームとの会議を行っています。

MetaMoJi（メタモジ）
法人事業部・経営企画室 広報
武田亜矢子（たけだあやこ）さんの仕事

MetaMoJiではさまざまな作業効率化（こうりつか）アプリを開発し、発売後も新しい機能を追加（アップデート）しています。販売促進（はんばいそくしん）や広報の仕事にたずさわる武田さんは、製品の発売やアップデートに合わせてウェブ広告（こうこく）やカタログの内容（ないよう）を更新（こうしん）したり、ニュースリリースを発信したりする仕事をしています。

販促物の内容を更新する（はん・そく・ぶつ・の・ない・よう・を・こう・しん・する）

■広告（こうこく）やカタログの内容を考える

広告やカタログは、お客さまがその製品（せいひん）を買うかどうかを判断（はんだん）する大事なツールです。武田（たけだ）さんは、担当（たんとう）する「MetaMoJi ClassRoom（メタモジ クラスルーム）」や「mazec（マゼック）」の広告やカタログを、製品のアップデートなど

ウェブ広告（こうこく）をどのように修正（しゅうせい）するか考えて、タブレットの画面に赤字で指示（しじ）を入れます。▼

に合わせて更新しています。

製品がアップデートされると、まず開発部門から新機能（しんきのう）や変更点をまとめた仕様書（しようしょ）がとどくので、修正点（しゅうせいてん）を確認（かくにん）します。同時に営業担当（えいぎょう）に、修正の要望がないかを聞きます。

カタログや広告では、「製品を導入（どうにゅう）したらどんなことができるのか」など、お客さまが買いたくなるポイントをアピールする必要があります。そのため、製品を使っているお客さまや、これから購入（こうにゅう）を検討（けんとう）しているお客さまの声を直接（ちょくせつ）聞いている営業担当の意見が参考になります。

仕様書や営業担当の意見を参考に広告に説明を加え、カ

営業担当（えいぎょうたんとう）に、製品のどこを売りにするとよいか、わかりにくいところはないかなどを確認（にん）し、修正（しゅうせい）に反映（はんえい）します。▼

タログの配置や情報（じょうほう）を変更するなど、よりわかりやすくお客さまが買いたくなるように、内容や構成（こうせい）を見なおします。

■広告やカタログを修正して更新する

考えた修正内容で上司の承諾（しょうだく）が得られたら、修正を進めます。ウェブ広告の修正作業

▲ ふせんをはったところを確認しながら、カタログのデータを修正します。

■展示会のパネルなどを見なおす

イベント会社が主催するアプリの展示会は、製品をアピールする大切な機会です。展示会に出展するときに、会場に掲示するパネルやカタログの内容を見なおすのも武田さんの仕事です。

現在あるパネルやカタログをもとに、営業担当と相談して、お客さまにその製品のよさを知ってもらうために

めだたせるとよい点はどこかなどを決めて、修正したり新しくつくったりします。

2020年は新型コロナウイルス感染拡大の影響でオンライン展示会となったため、お客さまがダウンロード*できるサイズに合わせて、カタログなどの資料をコンパクトにつくりなおしました。

オンライン展示でパネルのどこをめだたせるとよいか、営業担当の意見をとりいれ、修正箇所をタブレットに書きこみます。

は、おもにアルバイトのスタッフにたのみ、できた内容をチェックしてウェブサイトにアップします。カタログの場合も同様に修正し、印刷されたものを確認して完成させます。

広告の効果を分析する

■ウェブ広告のアクセス数を確認する

ウェブ広告は出して終わりではなく、その効果が出ないと意味がありません。武田さ

んは、ウェブを解析するツールを使い、担当する製品のウェブ広告へのアクセス数や、ウェブからの「体験版申込」の件数のデータを毎週とって、

変動を分析しています。毎月、件数の目標数が設定されているので、件数が少ない場合はウェブ広告の文言やデザインの見なおしを検討します。

■分析結果を報告して意見を交換する

ウェブ広告の分析結果は、週1回行われるデジタルマーケティングミーティングという会議で報告します。この会

ウェブ広告のアクセス数のデータを分析し、広告の見なおしが必要だと思う部分を、タブレットに書きこんでおきます。

*インターネット上のデータを自分のパソコンやタブレットなどにコピーすることです。

タブレットで情報を共有しながら、ウェブ広告の効果を高めるための意見を出しあいます。

議には、ほかの製品の分析をしている人やSNS*でお客さまに対応している人などが出席します。アクセス数が少ない広告については、どうすればのばせるか、広告の見なおしについて意見交換をします。

分析結果や話しあいをもとに、ウェブ広告の修正内容を決めたら、修正をして更新します。こうして、買いたい人の目をひく広告になるように、つねに見なおしを重ねて更新していきます。

製品の最新情報を発信する

■ニュースリリースを発信する

　新製品が発売されたときや製品がアップデートされたとき、それを世間に広く知らせる「ニュースリリース」という文書を発信します。武田さんは、このニュースリリースの原稿を作成します。

　開発担当からとどく開発の資料や仕様書などをもとに、どんな製品なのかが伝わるよう、原稿をつくります。それを開発担当と上司に確認してもらったら、ウェブサイトにのせ、SNSで発信します。

■製品の使用事例を紹介する

　ウェブサイトでは、製品の内容がより伝わるように、使用しているお客さまの事例も紹介しています。武田さんが

新製品のカタログや仕様書を見ながら、ニュースリリースの原稿を作成します。

お客さまに取材をして、その内容をライターにまとめてもらい、新しい事例としてアップします。事例を追加したときも、ニュースリリースを出して、多くの人に見てもらえるようにします。

■オンライン取材の調整や立ちあいをする

　MetaMoJiでは、製品などについて新聞や雑誌の取材を受けることもあります。

　ほとんどがオンライン取材

ウェブサイトに配信したら、パソコン画面で問題がないか確認します。▼

ですが、取材の依頼を受けて日程や取材内容を調整したり、取材当日に立ちあったりするのも広報を担当する武田さんの仕事です。

MetaMoJi の武田亜矢子さんに聞きました
インタビュー

お客さまの目線で情報を
わかりやすく伝えたい

兵庫県尼崎市出身、宝塚市育ち。中学（ソフトテニス部）、高校（家庭部）では、部活の部長をつとめました。大学ではコミュニケーション論を学び、1996年ジャストシステムに入社。その創業者が立ちあげたMetaMoJiに、2012年に転職しました。それ以来、販売促進や広報の仕事にたずさわっています。

テレワークで
ウェブ広告の
重要性が高まった

Q この会社に入ったのは
なぜですか？

大学ではコミュニケーション論を学び、コミュニケーションの手段としてITを活用したら、これからの社会がどう変わるのかということに、とても興味がありました。

卒業後はソフトウェア会社に入社し、販売促進やウェブサイト制作の仕事をしていましたが、タブレットで使えるソフトウェアの可能性に魅力を感じて、MetaMoJiに転職しました。

Q 仕事でうれしかった
ことはなんですか？

「MetaMoJi ClassRoom」を使っている学校へ事例の取材にいくことがあるのですが、そのときに「すごく使いやすい」「授業の質が高くなりま

した」という声をいただけることです。こういう声を直接聞くことができるのはうれしいですね。

Q これまででたいへんだったことはなんですか?

新型コロナの影響でお客さまに会う営業ができなくなり、それに代わる対策として、ウェブ広告やウェブマーケティングの重要性が高まり、責任が重大になったことです。

テレワークでウェブ広告に注目するお客さまがふえているので、広告の効果分析をしっかり行って課題を改善し、それによってよい結果が出せるように努力しています。

Q 仕事で心がけていることを教えてください

広告や広報で大切なのは、お客さまの知りたい情報を的確にとらえて提供することです。会社としては、製品のすぐれた点や新しい機能を強調したいところですが、お客さまにとって大切なのは「そのアプリを使ったらどんないいことがあるか」という点です。お客さまの目線でわかりやすい広告やカタログ、ニュースリリースをつくるようにしています。

また、いまの子どもたちはパソコンやタブレットを道具として使いこなせるので、ICT*をコミュニケーションや学習に活用して、もっとよい方向に発展させてくれると期待しています。そんな子どもたちを支援するソフトウェア製品の情報をしっかり発信していきたいです。

わたしの仕事道具 🔧

タブレットと専用ペン

仕事では、タブレットとタブレットに書きこむための専用のペンが欠かせません。「Su-Pen」という MetaMoJi オリジナル製品のペンを愛用しています。オンラインでの会議や営業の担当者と話すときには、その場で出た修正点などを、すぐに画面に書きこむようにしています。

一問一答 Q&A

Q 小さいころになりたかった職業は?
ピアノの先生

Q 小・中学生のころ得意だった科目は?
国語、英語

Q 小・中学生のころ苦手だった科目は?
算数(数学)

Q 会ってみたい人は?
宮藤官九郎(脚本家、俳優)

Q 好きな食べものは?
焼き肉、とうふ料理

Q 仕事の気分転換にしていることは?
散歩、演劇鑑賞

Q 1か月休みがあったら何をしたいですか?
南の島でのんびりしたい

Q 会社でいちばん自慢できることは?
ひとりひとりが責任をもって仕事にとりくんでいること

*情報通信技術を使ってコミュニケーションを行うことです。

MetaMoJi ではたらく
武田亜矢子さんの一日

スタート！！

この日はテレワーク。まずメールをチェックし、アルバイトのスタッフに業務を指示します。

パソコンで、ウェブ広告を手なおししたり、ウェブサイト上に最新のお知らせをのせたりします。

製品サイトに、製品の導入事例を公開したことを知らせるニュースリリースを公開します。

起床・朝食	自宅で業務開始	ウェブサイトの更新	ニュースリリースの準備	昼食
7:30	9:30	10:00	11:00	12:00

就寝	夕食	業務終了	記事のチェック	ウェブサイトのアクセス数を分析	チラシを制作	オンラインで販促の打ちあわせ
24:00	19:30	18:30	17:30	16:30	14:00	13:00

雑誌に掲載される自社製品の記事や広告を確認します。

次のデジタルマーケティングミーティングにそなえて、ウェブサイトのアクセス数の推移を分析しておきます。

「MetaMoJi ClassRoom」を紹介するチラシの構成案を考えます。

コロナ時代のはたらきかた ## 仕事のヒントは雑談のなかにあると気づいた

直接話す機会がへってなやむことがふえた

会社ではコロナ以前からオンライン会議があり、テレワークが中心になっても、「MetaMoJi Share」や「Zoom」を使って変わらず仕事ができています。

ただ、会社で仲間と会って話す機会がなくなると、ちょっとしたことでなやむことがふえました。顔を合わせてするなにげない会話のなかに仕事のヒントがあったのだと気づきました。

オンラインでの井戸端会議を模索している

今回のことで、新しいものにつながるアイデアは仲間と気軽に語りあえる環境から生まれるということをあらためて感じました。そこで、会社では議題のない「オンライン井戸端会議」を週1回開催して、テレワークでとれる新しいコミュニケーションの形を模索しています。

MetaMoJi 社長の
浮川和宣さんに聞きました

視野のアンテナは広く、高く、興味をもったことは深く探究する

だれもが使える
ソフトウェアをつくる

パソコンやインターネットの飛躍的な発展と急速な普及で、個人や企業が考えていることを手軽に表現し、広く伝えることが可能になってきました。

この技術を活用して、だれもが使えて社会や人びとに役にたつソフトウェアを提供することがMetaMoJiの事業の目標であり、理念です。

チャレンジ精神をもって開発にとりくみ、「MetaMoJiのソフトウェアがあったから、こんなことができるようになった」とお客さまにいっていただける製品を、世の中に送りだしていける企業になることをめざしています。

社員には技術部門、営業部門、総務部門など、それぞれの部署に必要とされる技能をほりさげて、さらにいろいろなことに興味をもって新しいことにどんどんチャレンジしてほしいと思っています。

広い視野と深い探究心の
両方をもちつづける

コンピューターやインターネットのある生活は、長い人類の歴史のなかではまだはじまったばかりです。無限の可能性をもつこの技術を活用し、みなさんがまったく新しい表現やコミュニケーションの手段をつくりだしていくことに期待しています。

世の中でどのようなことが起こっているのか、視野のアンテナを広く、高くしておきましょう。いっぽうで、興味をもったことは深く探究してください。その両方をバランスよくもちつづける人が、ほんとうに人びとの役にたつ製品をつくりだせると思います。

テレワーク環境が整っているので、社員はどこにいても仕事ができます。この環境を利用して、定年後にその知識や経験をいかして、会社に残って長くはたらきつづける人もたくさんいます。

シャープ

通信事業本部 パーソナル通信事業部 商品企画部（きかくぶ）
中川伸久（なかがわのぶひさ）さんの仕事

シャープは大阪府堺市（さかいし）に本社を置く、冷蔵庫（れいぞうこ）やテレビなどの家電製品（せいひん）や、スマートフォンなどの電気通信機器を製造、販売（はんばい）する会社です。ここでは、スマートフォンの新機種を企画し、商品化までを手がける中川伸久さんの仕事の様子をみていきましょう。

シャープ

シャープは家電やオーディオ、スマートフォンなどを製造、販売する会社です。日本初・世界初の商品を数多く生みだし、創業以来の創意の遺伝子で、「8K＋5G＊1とAIoT＊2で世界を変える」という事業ビジョンに向かって革新的な商品をつくりだしています。

シャープ株式会社
本社所在地 大阪府堺市 **創業** 1912年 **従業員数** 5万1,121名（グループ企業をふくむ。2020年12月末日現在）

お客さまの好みを学習する「AIoT（エイアイオウティー）家電」を開発

シャープは、日常の生活で使う家電をインターネットでつなぎ、人工知能化することで、人によりそう「AIoT家電」に進化させました。家電の人工知能がお客さまの行動や好みを学習し、それぞれに適したサービスや使いかたを教えてくれます。

二足歩行ができ、音声で対話ができるモバイル型ロボット「ロボホン」にはじまり、オーブンレンジ、エアコン、冷蔵庫、空気清浄機など、現在400機種以上のAIoT対応の家電が発売され、毎日多くの家庭のさまざまなシーンで活躍しています。

◀AIoT搭載のオーブンレンジ「ヘルシオ」は、各家庭の使用スタイルに合わせてメニューを提案してくれます。

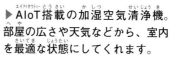

▶AIoT搭載の加湿空気清浄機。部屋の広さや天気などから、室内を最適な状態にしてくれます。

◀音声で対話できる「ロボホン」は、留守番の様子をメールで送ったり、予定を教えてくれたりするほか、歌ったりおどったりもします。

◀▼「AQUOS（アクオス） zero5G（ゼロファイブジー） basic（ベーシック）」（左）は、高速表示とすばやいタッチに対応し、ゲームが楽しめます。「AQUOS sense5G（センスファイブジー）」（下）は価格をおさえながら5Gにも対応。快適にアプリの操作ができるなど、必要な機能をしっかりカバーしています。

「みんなの5G（ファイブジー）スマホ」の普及をめざす

通信技術を活用した新しい価値を提供しつづけることを目標に、スマートフォンや携帯電話など、人びとが笑顔で生活を楽しめる商品の開発に挑戦しつづけています。なかでも、だれもが手軽にエンターテインメントやコミュニケーションを体験できる5G対応のスマートフォンを、「みんなの5Gスマホ」として広め、世の中をもっと楽しくしていくことをめざしています。

＊1 「8K（はちケイ）」は「超高精細映像（ちょうこうせいさいえいぞう）」といわれ、圧倒的な臨場感と立体感が表現できる映像の規格です。「5G（ファイブジー）」は「高速移動通信方式（こうそくいどうつうしんほうしき）」のことで、大きなデータ量でも高速で通信でき、多くの機器に同時接続できる通信システムのことです。

「本物のように見える」8K技術をさまざまな分野で応用

まるで本物が目の前にあるかのような8Kの映像技術は、新しい時代に欠かせないものになっています。シャープは、超高解像度、超高精細がつくりだす8Kの技術を、放送・映像のみならず、医療、産業、文化・教育など、はば広い分野に提供し、よりゆたかなくらしの実現と社会の発展につくしています。

▲8K技術は美術館や博物館でも活用されています。間近で見ることがむずかしい作品の細かい描写やタッチも、ディスプレーやタブレットにうつしだされた8Kの画像を拡大することで細部まで鑑賞できます。

◀液晶テレビ「AQUOS 8K」は、フルハイビジョンの16倍の解像度による超高精細で美しい映像と色の再現、音の臨場感で8Kの世界を堪能できます。

太陽光を使って自然環境にやさしい再生可能エネルギーをつくりだす

「無限にある太陽光や太陽熱で電気を起こすことを考えれば、人類にどれだけ寄与するかは、はかりしれない」という創業者早川徳次のことばをきっかけに、シャープは1959年から太陽光発電の開発をはじめました。いまでは、国内外の住宅や工場などに太陽光発電システムを設置しています。モンゴルの砂ばくやベトナムでメガソーラー発電所を建設したほか、フィリピンにも太陽光発電システムを提供しています。再生可能な太陽光を活用することで、かぎりあるエネルギー資源の消費をへらし、二酸化炭素などの排出量をおさえるといった環境問題の解決に貢献しています。

フィリピンにあるタイヤ工場の屋根に、シャープの太陽光発電システムを設置しました。二酸化炭素などの温室効果ガスの排出量削減に貢献しています。

＊2　AI（人工知能）とIoT（ものがインターネットにつながること）を組みあわせた、シャープがつくったことばです。

通信事業本部 パーソナル通信事業部 商品企画部
中川伸久さんの仕事

中川さんはパーソナル通信事業部商品企画部で、スマートフォンの新商品を企画し、お客さまのニーズを調べて、スマートフォンに搭載する新機能を考え、それを商品のかたちにする仕事をしています。ここでは、新機種の「AQUOS sense5G」ができるまでを例に、仕事をみていきましょう。

商品のコンセプトを決める

■発売計画に合わせて新商品を検討する

中川さんが企画を担当するスマートフォンは、おもに携帯電話会社に販売されます。

携帯電話会社では、だいたい1年に2回、新商品を発表する時期があるため、通信事業本部でも、その時期に向けて発売計画が立てられます。商品企画部では、その計画にそって、新商品の検討がはじまります。

■お客さまのニーズやトレンドをつかむ

まず、お客さまがどういう商品をもとめているのかをさぐります。それには、会社で定期的に行っているお客さまに対する調査などを参考にします。

調査の結果などを分析して、カメラの数や画素数（画質）、画面の大きさ、バッテリーの容量（電気をためておける量）などの機能面のほか、デザイン、価格など、どのようなスマートフォンがお客さまにもとめられているのかをつかみます。

また、新しい機能を考えるうえで、「8K」「5G」など、通信業界で話題になっている

商品企画部のメンバーと、もとめられているスマートフォンはどんなものかを話しあいます。
▼

テーマや、それぞれの携帯電話会社がどんな製品に力を入れていて、料金プランはどうなっているかといった携帯電話のトレンドをつかんでおくことも重要です。

■どんな商品にするか コンセプトを決める

集めた情報をもとに、外観やサイズ、性能、価格など、どのようなスマートフォンにするか、めざす商品の全体像（コンセプト）を考えます。

コンセプトを考えるうえで大切なのは、いままでにない、シャープならではの特徴をつくりだすことです。これは、商品企画部でいちばん苦労するところであり、力を注ぐポイントです。

今回の「AQUOS sense5G」でいえば、高価なイメージのある5G対応なのに低価格であることや、5Gを有効に活用できるテザリング*オート機能、画面を分割して2画面表示する（動画を見ながら検索もできるなど）機能を搭載したことが特徴です。テザリングオートは、テザリングのオンとオフを場所に合わせて自動的に行う機能で、自宅にインターネットの固定回線がない人に便利です。

■企画書をまとめて 商品化の承認をもらう

商品企画会議では、各部門の担当者に新商品の特徴や買ってほしい人などをわかりやすく説明します。▼

コンセプトが決まったら、お客さまに興味をもってもらえる印象的なことばを使って、企画書をまとめます。今回は、だれもが手軽に楽しめる5Gをテーマに設定し、「ふつうの5G」「みんなの5G」ということばを選びました。

企画書ができたら、開発部門、営業部門などの関係部門と商品企画会議を開きます。そこで商品企画部は、それまでにまとめた商品の特徴やコンセプト、ねらい、ターゲットなどを伝えます。

各部門からは、画面の大きさや画質、価格などについてさまざまな意見が出されます。3〜4回会議を行い、議論を重ねて、最終的に承認されると、商品化が決まります。

◀商品の特徴などが一目でわかるように企画書を作成します。

*パソコンやタブレットなどのWi-Fi対応機器を、スマートフォンの通信機能を利用してインターネットに接続する機能です。

商品の開発を進める

■開発を進めるための企画概要書をつくる

商品化が決定したら、商品企画部で、仕様や価格などの詳細をまとめた企画概要書をつくります。

この企画概要書にもとづいて、カメラや電池などを開発する部門、構造やサイズを設計する部門、通信機能を開発する部門、外観のデザインをする部門など、それぞれの部門で開発を進めることになります。

■開発中に出てくる課題を解決する

開発が進むうち、想定のサイズでは部品がおさまらない、電池容量をへらす（電池を小さくする）必要があるなど、企画概要書どおりにはいかない部分も出てきます。スマートフォンの部品は非常に小さいため、少し仕様を変えるだけでも、スマートフォンの大きさに影響がおよびます。

開発途中で起こるこうした課題は、定期的に構造検討会を行って各部門と話しあいます。それぞれの技術力を結集

それぞれの部門で開発が進められるよう、新商品の内容を企画概要書にまとめます。

し、何を優先するのか相談しながら、企画概要書の要求を満たすよう調整を重ねます。

■模型や試作機で機能を確認する

外観のデザインや本体のサイズなどは、実物大の模型をつくってもらい、確認します。

開発が進んで、部品や機能、外観などがあるていど決まったら、じっさいに販売する形に近い試作機をつくってもらいます。試作機ができたら、デザインや色のほか、大きさ、重さ、手にもったときの感触などをたしかめます。

スマートフォンとしての耐久性や性能など、品質にかかわる検査は専門の部署が行い、中川さんたちは、機能やじっさいに操作したときの使いやすさを検証します。

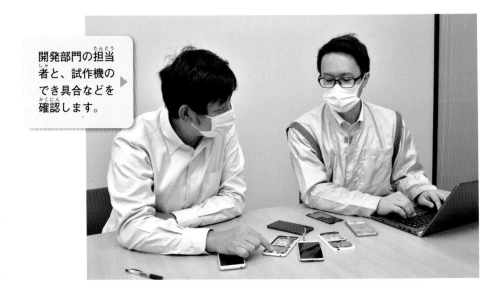

開発部門の担当者と、試作機のでき具合などを確認します。

とくに、新しく組みこんだ機能については、いつも以上にしっかりとチェックして、問題がないかを確認します。今回の場合は、テザリングオート機能と、2画面表示機能です。

検証後に問題があれば、各機能の担当部門に伝え、修正を重ねて完成させます。

試作機で、色やデザインがイメージどおりにできあがっているかを確認します。

商品発売の準備をする

■セールスポイントなどを営業部門に伝える

商品が完成したら、商品のどの部分をセールスポイントにしてお客さまに伝えたらよいか商品企画部で相談し、営業部門に伝えます。

商品カタログや取扱説明書、携帯電話会社の店頭に置くスマートフォンの模型を作成する部署にも、新商品のコンセプトや開発のポイントなどをしっかりと伝えます。

■商品カタログや取扱説明書を確認する

商品カタログや取扱説明書については、印刷される前に、記載内容やデザインを確認し、コンセプトがきちんと反映されているか、記載にまちがいはないかなどを、チェックします。

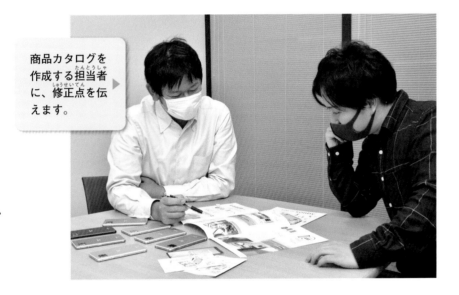

商品カタログを作成する担当者に、修正点を伝えます。

■発売状況を確認して新商品企画にいかす

新商品が携帯電話会社に納品され、発売が開始されると、商品がきちんと店頭にならんでいるか、お客さまが関心をもっているか、じっさいの販売台数はどのくらいかなどを営業部門から報告してもらったり、聞いたりします。

報告された内容は、次の新しい機種を企画するときにいかしていきます。

営業部の担当者に、発売後のお客さまの反応などを聞きます。

インタビュー

お客さまに選んでもらえるよう
シャープ<ruby>独自<rt>どくじ</rt></ruby>の商品を<ruby>企画<rt>きかく</rt></ruby>したい

1982年石川県生まれ。<ruby>金沢<rt>かなざわ</rt></ruby>大学大学院<ruby>修了<rt>しゅうりょう</rt></ruby>。大学では<ruby>経済学<rt>けいざいがく</rt></ruby>を勉強しました。2006年にシャープに入社し、商品<ruby>企画部<rt>きかくぶ</rt></ruby>で携帯電話の企画を<ruby>担当<rt>たんとう</rt></ruby>。その後、携帯電話の生産数などを計画する生産企画部をへて、<ruby>再度<rt>さいど</rt></ruby>商品企画部に<ruby>異動<rt>いどう</rt></ruby>。スマートフォンアプリの企画をへて、<ruby>現在<rt>げんざい</rt></ruby>はスマートフォンの企画を担当しています。

<ruby>尊敬<rt>そんけい</rt></ruby>する人に
ほめてもらい
自信になった

Q この会社を選んだ
理由は?

　大学では<ruby>経済学<rt>けいざい</rt></ruby>部で、「<ruby>携帯電話<rt>けいたい</rt></ruby>を使った商店街の<ruby>活性化<rt>かっせいか</rt></ruby>」というテーマで研究をしたこともあり、携帯電話に<ruby>興味<rt>きょうみ</rt></ruby>がありました。携帯電話を調べていくうちに、トップの<ruby>技術力<rt>ぎじゅつりょく</rt></ruby>をもったシャープに関心をもつようになりました。

　それはちょうど、シャープ<ruby>製<rt>せい</rt></ruby>のカメラつき携帯電話が登場したころでもありました。わたしもじっさいにその携帯電話を使っていて、よい製品だと思っていたのです。

　もともと家電製品のメーカーで仕事をしたいという希望がありましたが、なかでも携帯電話のカメラや<ruby>液晶<rt>えきしょう</rt></ruby>などの部品も自社でつくっているシャープに<ruby>魅力<rt>みりょく</rt></ruby>を感じて入社

を決めました。

Q 会社に入って おどろいたことは?

シャープに入っておどろいたことは、プロ意識の高い開発者がとても多いことでした。仕事を進めるなかで、当初の企画どおりに進まないことはよくありますが、そんなときでも、シャープの開発者はあきらめずに、「これだったら、できるかもしれない」「こうしたらどう?」と提案してくれるのです。お客さまにとってよい商品を提供するためには妥協しない、というプロフェッショナルがたくさんいることに、おどろきますし、毎日助けられています。

Q 仕事をはじめて うれしかったことは?

入社してすぐに、やりたかった商品企画の仕事につかせてもらえたのはうれしかったです。経験を積んでいくなかで、新規プロジェクトのメンバーに選んでもらえたのも、幸運でした。そのプロジェクトは、社内メンバーだけでなく社外の方もいっしょに参加し、「世の中にない新しい商品をつくりだそう」という、ビッグプロジェクトでした。

わたしの仕事道具

うで時計

わたしの仕事は出張が多く、打ちあわせなどで人に会って話をすることも多いので、うで時計を見ながら、時間をつねに意識しています。

スマートウォッチに変えたこともありますが、通知が気になって、またうで時計を使うようになりました。うでにはめると仕事のスイッチが入るので、欠かせない仕事道具です。

社外から参加されているメンバーには、わたしがインターネットの動画サービスなどで講演を見て尊敬していた方がいて、非常に興奮したのを覚えています。

その方とチームでいっしょに仕事ができたこと、そして最後に、プレゼンテーションをさせてもらえたことは、ほんとうによい経験となりました。さらに、そのときに、おほめのことばをもらえたことは、その後の仕事への自信にもつながりました。

Q 仕事でたいへんなことは ありますか?

新商品の開発は、当初企画したとおりにいかないことがふつうです。電池容量をしっかり入れようとすると、外観がぶあつくなってしまうとか、部品を小さくすれば、こんど

はコストが高くなってしまうなど、さまざまな課題が出てきます。どこを優先したらよいかを考え、それを調整して、できるだけねらいに近づけていく作業はたいへんです。

スケジュールも考えながら、各部門の技術者に知恵をしぼってもらい、協力してめざす商品をつくるのは、たいへんではありますが、この仕事のおもしろさでもあります。

お客さまの生活に合わせた使いかたを提案する

Q 仕事をするうえで 心がけていることは?

営業部門などに商品のコンセプトを説明するときには、カメラの個数やバッテリー容量などの仕様や機能だけを伝えるのではなく、お客さまが

使うシーンを考えて、その機能があることでどう喜ばれるのか、どのように生活が変わるかを、具体的に話すように意識しています。

たとえば、「このカメラで撮影したらこんな画像がとれます」とか、「この機能を使ったら５Ｇをフル活用できます」など、お客さまが生活のなかでどんなふうにいかせるかをしめせるように心がけています。

Q やりがいを感じるのはどんなときですか？

以前、スマートフォンのアプリの企画を担当していたときに、「しゃべるスマートフォン」という製品を企画、開発しました。それが、AQUOSブランドの特徴的な機能の一

新商品の開発では、企画ごとに高い技術をもったプロフェッショナルなメンバーと力を合わせてとりくんでいます。写真は、以前、AIが動画を自動編集する機能を開発したときのメンバーです。

つ「エモパー*」につながり、80万人をこえるお客さまに使われつづけています。

このような、長くつづくサービスを立ちあげたことはほこりですし、やりがいを感じます。

Q 今後の目標について教えてください

スマートフォンは、いまでは生活に欠かせないもので、

定期的に買いかえの必要な機器です。これからも、シャープ独自の機能や商品を企画し、お客さまに、「次もシャープのスマホにしよう」と選んでもらえるようにがんばっていきたいです。

そして、自分の手がけた商品で、人びとの生活をより快適にするお手伝いができればうれしいです。

一問一答 Q&A

Q 小さいころになりたかった職業は？
電気機器にかかわる仕事

Q 小・中学生のころ得意だった科目は？
算数（数学）

Q 小・中学生のころ苦手だった科目は？
国語

Q 会ってみたい人は？
スティーブ・ジョブズ（アメリカのアップル社の創業者の一人）

Q 好きな食べものは？
ハンバーグ

Q 仕事の気分転換にしていることは？
買いものや週末の予定を考える

Q 1か月休みがあったら何をしたいですか？
海外旅行に行きたい

Q 会社でいちばん自慢できることは？
やりたいとしっかり意思表示をすれば、その機会をあたえてくれるところ

　＊「AQUOS」のスマートフォンに搭載された、使う人にさまざまな場面で語りかけてくれる人工知能です。

シャープではたらく
中川伸久(なかがわのぶひさ)さんの一日

スタート！

出社したら、関連部署(ぶ)などからのメールをチェックします。

毎朝、部内でのミーティングを行い、一日の予定を確認(かくにん)して、それぞれの仕事の進み具合を報告(ほうこく)します。自宅(じたく)で勤務(きんむ)の人はオンラインで参加します。

起床(きしょう)・朝食	出勤(しゅっきん)	出社・メールチェック	グループミーティング	企画概要書(きかくがいようしょ)作成	昼食
6:30	7:30	8:30	9:30	10:30	12:00

就寝(しゅうしん)	帰宅(きたく)・夕食	退社(たいしゃ)	翌日(よくじつ)の予定を確認(かくにん)	次の商品のアイデアを書きだす	上司と打ちあわせ	デザイン部門とミーティング
24:00	18:30	17:30	17:00	15:00	14:00	13:00

ほかのメンバーや上司の予定を確認(かくにん)し、翌日(よくじつ)の仕事の進めかたや手順を考えます。

携帯(けいたい)電話会社向けに作成した、商品を説明する資料(しりょう)を上司に見てもらい、不明な点はないか確認(かくにん)します。

試作機ができあがってきたので、デザインをチェックします。

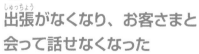

コロナ時代のはたらきかた 雑談(ざつだん)ができるようにくふうをしていきたい

出張(しゅっちょう)がなくなり、お客さまと会って話せなくなった

わたしたちの顧客(こきゃく)である携帯(けいたい)電話会社は東京に会社があります。これまでは東京に出張し、会って話をしていました。それが新型(しんがた)コロナウイルスの流行後はオンライン会議が中心になり

ました。移動(いどう)時間がなくなり、効率(こうりつ)はよくなりましたが、会話はしづらくなったと感じます。とくに初対面の方とオンラインで話をするときは緊張(きんちょう)します。

話を円滑(えんかつ)に進めるためには雑談(ざつだん)も必要で、それは直接(ちょくせつ)会ってこそできることでした。これか

らくふうをしたいところです。

相手に前もって資料(しりょう)を送っておく

オンライン会議では、商品説明などが伝わりにくいこともあります。事前に資料をつくって相手に送っておくようにすると、話が伝わりやすくなります。

シャープ管理統轄本部人事担当の
吉村広之さんに聞きました

独創性と実行力で独自の商品や技術を生みだし、挑戦をしつづける

独自の商品、技術を提供しつづける

シャープは、「他社がまねするような商品をつくれ」という創業者早川徳次の精神を受けつぎ、創業以来、社名の由来となったシャープペンシルをはじめ、多くの国内初、世界初の商品や技術を世に送りだしてきました。

創業のものづくりの精神は、

シャープの名前の由来となったシャープペンシルです。1915年、創業者の早川徳次が、まったく新しい金属製の「繰出鉛筆」を発明し、「エバー・レディ・シャープ・ペンシル」と名づけて発売し、評判となりました。ものづくりへのこだわりがこめられています。

「Be Original」（シャープらしいオリジナリティあふれる価値を提供する）というコーポレート宣言にも表れています。これからもシャープは、創業の精神を大切にし、次の100年に向けて独自の技術や開発力をいかし、新しい分野への挑戦をつづけていきます。

独創性があり、実行力をそなえた人に来てほしい

オリジナリティあふれる新しい価値を提供しつづけるために、シャープでは、独創力にとみ、そのアイデアを、しっかり商品としてかたちにする実行力をそなえた人をもとめています。

みなさんには、いまのうちから、目の前にある課題を自分のこととしてとらえ、解決するためのアイデアを考えてくふうする経験をどんどん重ねてもらいたいと思います。

仲間と協力しあえる信頼関係をきずけること

これまでにない商品をつくるのは、たやすいことではありません。どんなにすばらしいアイデアでも、協力してくれる仲間がいなければ実現できません。それには、信頼しあえる関係をきずけることが大事です。仲間を大切に思える人なら、シャープがめざす「人によりそう商品」の開発もたくせるように思います。

■取材協力

KDDI 株式会社

Twitter Japan 株式会社

株式会社 MetaMoJi

シャープ 株式会社

東京書籍 株式会社

よこはま動物園ズーラシア

■スタッフ

編集・執筆	青木一恵
	桑原順子
	須藤智香
	田口純子
	吉田美穂
撮影	糸井康友
	大森裕之
イラスト	宮下やすこ
校正	菅村薫
	渡辺三千代
デザイン	sheets-design
編集・制作	株式会社 桂樹社グループ

職場体験 完全ガイド 会社員編　コミュニケーションをささえる会社 **73**

au・Twitter・MetaMoJi・シャープ

発行　2021年4月　第1刷

発行者　千葉 均

編集　柾屋 洋子

発行所　株式会社 ポプラ社

　　　〒102-8519

　　　東京都千代田区麹町4-2-6

　　　ホームページ　www.poplar.co.jp

印刷・製本　大日本印刷株式会社

ISBN978-4-591-16940-7

N.D.C.366　47p　27cm

Printed in Japan

ポプラ社はチャイルドラインを応援しています

18さいまでの子どもがかけるでんわ

チャイルドライン®

0120-99-7777

毎日午後**4**時〜午後**9**時　※12/29〜1/3はお休み

電話代はかかりません　携帯(スマホ)OK

18さいまでの子どもがかける子ども専用電話です。
困っているとき、悩んでいるとき、うれしいとき、
なんとなく誰かと話したいとき、かけてみてください。
お説教はしません。ちょっと言いにくいことでも
名前は言わなくてもいいので、安心して話してください。
あなたの気持ちを大切に、どんなことでもいっしょに考えます。

チャット相談は
こちらから

職場体験 完全ガイド

仕事の現場に完全密着！
取材にもとづいた臨場感と説得力!!

N.D.C.366（職業）

全75巻